EEN WELWILLENDE MANAGER WORDEN

Breng het beste in uw team naar boven

EEN WELWILLENDE MANAGER WORDEN

Breng het beste in uw team naar boven

geschreven door Karima Chibane
vertaald door Nikki Claes

50MINUTES.com

EEN WELWILLENDE MANAGER WORDEN — 4

DE GRONDBEGINSELEN VAN EEN ZORGZAME MANAGER — 7

Managers van vroeger en nu — 7
Wat is Welwillend en Congruent Management (BCM)? — 10
Wat betekent dit? — 16
Een groeiende vorm van management — 19
Conclusie — 22

TOP TIPS — 25

FAQ — 27

Hoe reageren wij op degenen die denken dat het beoefenen van welwillendheid naïef is? — 27
Waarom kiezen voor de congruentiegerichte welwillende managementstijl? — 27
Wat zijn de drie belangrijkste indicatoren van een zorgzame en congruente managementpraktijk? — 28
Wat is het verschil met ethisch management, *langzaam management* of manager-coach? — 28
Welwillendheid, een sleutel tot "geluk" in de professionele wereld? — 29
Hoe word je een zorgzame en congruente manager? — 29
Kunnen alle managers welwillend worden? — 30
Wat zeggen de laatste bevindingen over deze managementstijl? — 31

HET IS AAN JOU! — 33

De juiste vragen — 33
Observeer en ken jezelf — 34
Consolidatie van de fundamenten — 35

OM VERDER TE GAAN — 37

Bibliografische bronnen — 37
Aanvullende bronnen — 40

EEN WELWILLENDE MANAGER WORDEN

- **Het probleem? Hoe** beheer je intergenerationele teams in een wereld van permanente verandering?

- **Waarom is het nuttig?** Welwillend management pleit voor welzijn op het werk en helpt synergieën te ontwikkelen door collectieve intelligentie, prestaties en creativiteit te verhogen en psychosociale risico's te voorkomen.

- **Professionele context?** Teamleiderschap of -management, human resources, talentmanagement, professionele relaties, enz.

- **FAQ?**

  - Hoe reageren wij op degenen die denken dat het beoefenen van welwillendheid naïef is?

  - Waarom kiezen voor de congruentiegerichte welwillende managementstijl?

  - Wat zijn de drie belangrijkste indicatoren van een zorgzame en congruente managementpraktijk?

  - Wat is het verschil met ethisch management, langzaam management of manager-coach?

  - Welwillendheid, een sleutel tot "geluk" in de professionele wereld?

- Hoe word je een zorgzame en congruente manager?

- Kunnen alle managers welwillend worden?

- Wat zeggen de laatste bevindingen over deze managementstijl?

> *"Elke waarheid doorloopt drie stadia. Eerst wordt het belachelijk gemaakt. Dan is het sterk tegen. Dan wordt het als vanzelfsprekend beschouwd. (Arthur Schopenhauer)*

Er ontstaan regelmatig nieuwe manieren van managen. De welwillende managementtrend lijkt belangrijker. Zoals de meeste managementtrends is het ontstaan in de Verenigde Staten en wint het sinds enkele jaren terrein in Frankrijk. Als we kijken naar de definitie van het woord "welwillend", vinden we "een gunstige gezindheid jegens iemand" (Centre national de ressources textuelles et lexicales, CNRTL) of "een gezindheid die geneigd is tot begrip, tot toegeeflijkheid jegens anderen" (Larousse). De verschillende definities kunnen worden samengevat als: zoeken naar het positieve in anderen of in een situatie. Het gaat er dus om dat de manager leert de relatie met anderen op een positieve manier te beheren, zodat er een doeltreffende collectieve actie ontstaat die tot betere prestaties leidt.

Sommige managers zijn echter nog te vaak op zoek naar cijfers boven alles en vergeten de menselijke relatie en het belang van het evenwicht daarin. De interprofessionele betrekkingen mogen echter niet langer worden beheerd met dashboards: deze aanpak heeft zijn beperkingen aangetoond, en de huidige toename van het aantal burn-outs is een van de flagrante symptomen daarvan.

De heroriëntatie van het managementdenken op de menselijke relatie vóór de te volbrengen taak is nu te vinden in de managementliteratuur, in cursussen van managementscholen, op universiteiten en in de interventies van advies- en coachingsbureaus.

De gerenommeerde Academy of Management (AOM), het grootste academische evenement op het gebied van managementwetenschappen, benadrukte tijdens haar jaarlijkse conferentie in 2010 de managementtrend "Dare to care". Twee jaar later volgde de *Academy of Management Review* (AMR), een wetenschappelijk tijdschrift dat is voortgekomen uit de AOM en een van de meest prestigieuze in zijn vakgebied is, met een dossier over zorgzaam management en regelmatige artikelen over de ontwikkeling van deze managementhouding.

De kwestie van welwillendheid en congruentie komt sterk naar voren. Het laat de beschouwingen over ethisch management, emotionele en relationele intelligentie, integriteit, collectieve intelligentie, wendbaarheid of zelfs *langzaam management* rondgaan. Voor sommigen is congruentiegericht management het kenmerk van grote managers: zij die een assertieve persoonlijkheid hebben, die vertrouwen in zichzelf hebben en tegelijkertijd ruimdenkend zijn.

DE GRONDBEGINSELEN VAN EEN ZORGZAME MANAGER

MANAGERS VAN VROEGER EN NU

Wat is een manager?

Er bestaat een relatieve consensus tussen verschillende managementauteurs over de definitie van een manager. Het belangrijkste kenmerk van een manager is zijn of haar opdracht, namelijk het leiden en coördineren van een groep personen onder zijn of haar verantwoordelijkheid. Een bedrijfsleider is dus ook een manager.

👁 NOTA BENE

De keuze om in dit boek geen onderscheid te maken tussen managers en leiders is vrijwillig. Welwillend management kan een gemeenschappelijke houding zijn, aangezien elk van hen de roeping heeft om door synergie collectieve intelligentie te creëren.

De manager van morgen

Het doel van managementtheorieën is te ontcijferen hoe organisaties functioneren. De eerste werken zijn vrij recent aangezien zij dateren van het begin van de 20E EEUW en gericht zijn op het verbeteren van de prestaties van ondernemingen.

Tot de jaren zeventig waren organisaties gestructureerd volgens een bureaucratisch model: een sterke hiërarchie, veel controle en weinig delegatie. De jaren negentig vormden in dit verband een keerpunt: status en hiërarchisch niveau waren niet langer voldoende, het management richtte zich op de notie van resultaten en de middelen om die te bereiken. Managers moesten veranderen; het werd noodzakelijk voor hen om een relationele vorm van legitimiteit te ontwikkelen. Het vermogen om teams te mobiliseren heeft voorrang op de technische beheersing van het werk. Zij moeten nu over aanzienlijke communicatievaardigheden beschikken; zij worden in het hart van menselijke relaties en menselijke kwesties geworpen, meestal zonder voorbereiding. De mondialisering van de markten, de steeds snellere veranderingen in het milieu, de nieuwe netwerk- of projectgerichte organisaties zijn allemaal op de voorgrond getreden.

Deze paradigmaverschuiving brengt managers ertoe andere middelen te activeren. Training in relaties wordt noodzakelijk, met de ontwikkeling van empathie en kennis van emotionele intelligentie in het bijzonder. Dit is de overgang van manager naar leider. *De harde macht, het voorrecht van de agressievere manager, van de zeer hiërarchische en sterk gecentraliseerde organisatie, is voorbij.* Als het werd aangepast aan de context van massaproductie, in onze postindustriële maatschappij waar de mobilisatie van intelligentie belangrijk is, waar betrokkenheid de plaats heeft ingenomen van gehoorzaamheid, zijn arbeiders vrije individuen met weinig loyaliteit aan bedrijven. De zogenaamde "Y"-generatie vertegenwoordigt duidelijk deze beweging, die structureel is en met de "Z"-generatie sterker zal worden.

 EEN KORTE HERINNERING AAN DE GENERATIES

- **Generatie X** verwijst naar mensen geboren tussen 1960 en 1980. Zij hebben moeite gehad om stabiele, goedbetaalde banen te vinden en hebben de neiging om hun positie vast te houden en zich in de loop der tijd op te werken. Deze generatie geeft de voorkeur aan een evenwicht tussen privé- en beroepsleven. Voor hen is de informatie nogal traag en gefilterd. Het is moeilijk voor hen om generatie Y te begrijpen en omgekeerd.

- **Generatie Y** verwijst naar mensen geboren tussen 1980 en 1995. Zij groeiden op met televisie, de ontwikkeling van internet en videospelletjes. Voor deze *digital natives* is autoriteit niet altijd synoniem met competentie. Ze trekt alles in twijfel, inclusief de bestaande managementmethoden, tot groot ongenoegen van de X'en. Voor hen gaat efficiëntie boven anciënniteit en ze wil gehoord worden. Zij stelt werk niet voorop: zij zoekt een betere levenskwaliteit, denkt op korte termijn en beoefent mobiliteit. Ze wil snelle vooruitgang, flexibele uren, vrijheid en autonomie.

- **Generatie Z** verwijst naar mensen die geboren zijn vanaf 1995. Het wordt ook wel de "C-generatie" genoemd, voor Communicatie, Samenwerking en Verbinding. Deze generatie is opgegroeid met sociale netwerken en is voortdurend verbonden. In tegenstelling tot andere generaties kennen zij geen leven zonder nieuwe technologieën. Voor hen is congruentie des te belangrijker omdat er waarschijnlijk geen barrières meer zijn tussen privé- en beroepsleven, die de neiging hebben in elkaar over te lopen.

De leider wiens relationele intelligentie is ontwikkeld, die een welwillende en congruente managementhouding aanneemt, vertegenwoordigt dus de manager van morgen.

WAT IS WELWILLEND EN CONGRUENT MANAGEMENT (BCM)?

 ### TREFWOORDEN

- **Ontologische zekerheid**: vertrouwen hebben in je wezen. Dit gevoel van veiligheid dient als een solide basis om gecentreerd te blijven. Het stelt iemand in staat te handelen met respect voor zichzelf en voor anderen, in plaats van te reageren volgens zijn eigen afweermechanismen. Het opent assertiviteit. Kortom, voor een manager is het een kwestie van goed in zijn vel zitten, in zijn functie en in de complexiteit van zijn omgeving; dit is een hefboom voor congruentie.

- **Congruentie**: afstemming, perfecte samenhang tussen gedachte, woord en daad. Voor een manager kan dit worden samengevat als: "Doe wat je zegt en zeg wat je doet". Deze innerlijke harmonie loopt over in empathie.

- **Empathie**: de mogelijkheid voor de manager om aan te voelen wat een werknemer in moeilijkheden of in conflict ervaart. Empathie is geen sympathie, die troost; integendeel, zij is neutraal en afstandelijk. Het is het vermogen zich in de schoenen van een ander te verplaatsen, te voelen wat die ander voelt en hem beter te begrijpen, niet om aardig gevonden te worden.

- **Zingeving**: de zoektocht naar zingeving is tegenwoordig belangrijk en wordt vooral door de Y-generatie sterk gedragen. Betekenis geven aan de teams die wij leiden is essentieel, zoals uit alle onderzoeken blijkt.

- **Wendbaarheid**: het streven naar voortdurende verbetering in de ontwikkeling van de collectieve intelligentie van de teams die deze beoefenen. Het gaat erom dat de manager deze collectieve intelligentie waardeert en wederzijds vertrouwen creëert om deze te bevruchten, te mobiliseren en te coördineren.

De MBC bestaat erin eindelijk de ziel van het werk van de manager te vinden, evenals een samenhang tussen persoonlijke waarden en economische efficiëntie. MBC is een teammanagementmethode gebaseerd op hoffelijkheid en kan worden onderverdeeld in 12 punten.

1. **Weten hoe je moet luisteren**. Door actief te luisteren kunnen we dissonanten tussen het verbale en het non-verbale signaleren. Zoals we vandaag weten, bevat het verbale in communicatie slechts 20% tot 30% van de boodschap. Het decoderen van lichaamstaal via stem, gebaren of gezichtsuitdrukkingen is belangrijk omdat het de essentiële informatie verschaft.

2. **Betekenis geven aan het werk van elke werknemer.** Het idee is om met iedereen een globale visie te delen, de opdrachten duidelijk te omschrijven en het werk van iedereen aan te moedigen en te erkennen. Het is belangrijk regelmatig feedback te geven om de aandacht zo nodig bij te stellen. Dit betekent natuurlijk ook dat men moeilijkheden onder ogen moet zien en erover moet praten om een gemeenschappelijke oplossing te vinden.

3. **Zorgen voor het welzijn van personen**, door de uitvoering van een vrijwillig en concreet beleid, door de werknemers te betrekken bij de keuze van hun gereedschap of hun werkomgeving. Het gaat er ook om een evenwicht te vinden tussen werk en privé-leven door bijvoorbeeld de mogelijkheid van telewerken of flexibele werktijden te geven.

4. **Beter samenleven** door betere relaties. Hiervoor kan de manager bijvoorbeeld trainen in emotionele intelligentie om zijn of haar relationele vaardigheden te verbeteren. Relaties vormen immers de kern van de managementfunctie zoals die vandaag de dag wordt begrepen.

5. **Het waarderen van expressie en het erkennen van het recht om fouten te maken**, vooral in de leerfase. Wanneer de manager zijn of haar eigen fouten aan zijn of haar medewerkers toegeeft, staat hij of zij hen toe hetzelfde te doen. Het schept de mogelijkheid om van fouten te leren en daardoor dingen op een vernieuwende manier te durven doen. Het in de Verenigde Staten gelanceerde concept van 'Fail Con' is op dit gebied zeer inspirerend.

👁 WIST JE DAT?

Fail Con zijn conferenties voor ondernemers, startende oprichters en iedereen die betrokken is bij innovatie. Ervaringen van succesvolle ondernemers worden gedeeld, waarbij de deugden van het leren van mislukkingen worden benadrukt. Het onderliggende concept: de beste ondernemers zijn degenen die hebben gefaald en vervolgens hun mislukking hebben overwonnen door financieel, emotioneel en professioneel terug te komen.

6. **Denk vooral aan "team" en geef de voorkeur aan samenwerking**. De manager moet ervoor waken zichzelf systematisch naar voren te schuiven. Zij moeten nederigheid tonen en de ander als belangrijk beschouwen voor de goede werking van het bedrijf. Dit impliceert het tonen van empathie en het opbouwen van vertrouwen in interpersoonlijke relaties, het koesteren en laten groeien ervan, zodat iedereen zich een medewerker binnen het team voelt. Het

bevorderen van samenwerking betekent ook dat men samen naar oplossingen zoekt. Anderzijds betekent het nooit het accepteren van laksheid!

7. **Probeer positief te blijven**, want de stemming en de houding van de manager hebben een grote invloed op zijn werknemers. Wees u ervan bewust dat deze positieve houding door capillaire werking aanstekelijk werkt voor het hele team.

8. **Respect afdwingen door het goede voorbeeld te geven.** Dit is ongetwijfeld een van de moeilijkste punten voor een manager… Inderdaad, het vereist nauwgezetheid en dagelijkse oefening. De manager mag nooit vergeten dat al zijn gebaren, handelingen, houdingen of woorden worden geobserveerd, geanalyseerd en vaak gereproduceerd. Hij moet dus een soort nauwgezetheid in acht nemen, want zijn eerlijkheid, ethiek, billijkheid en rechtvaardigheidsgevoel moeten voorbeeldig zijn, wil hij het respect van zijn collega's afdwingen.

9. **De manager moet persoonlijke risico's weten te nemen om zijn of haar werknemers te beschermen.** De manager moet persoonlijke risico's kunnen nemen om zijn of haar werknemers te beschermen, net zoals hij of zij moet durven straffen wanneer dat nodig is. Daardoor winnen ze aan legitimiteit en voelen de werknemers zich veilig.

10. **Weten hoe je de eenzaamheid van de macht moet beheersen.** Degene die manager wordt, wordt de meest verantwoordelijke onder zijn collega's; deze daad isoleert hem. Het gevaar is dat ze vast komen

te zitten in het idee dat ze er alleen gekomen zijn. Bij uitbreiding kan hij dan geloven dat men alleen in eenzaamheid de ladder kan beklimmen. Een ander risico is de ontwikkeling van een impostor complex.

 PAS OP VOOR HET IMPOSTER SYNDROOM

Dit is de interne reflectie die een manager ontwikkelt wanneer hij of zij een nieuwe functie aanneemt of een nieuwe verantwoordelijkheid aan zijn of haar rol toevoegt. Ze vragen zich vaak af of het pak te groot voor hen is. Ze zien zichzelf als een bedrieger en leven in angst om ontdekt te worden. Dit complex treft 70% van de mensen met een hoog potentieel. Persoonlijk ontwikkelingswerk kan van groot nut zijn, omdat het mensen helpt zichzelf beter te leren kennen en duidelijkheid te krijgen over hun sterke en zwakke punten.

11. **Oefen authenticiteit, congruentie**. Dit is de afstemming van iemands gevoelens, overtuigingen en gedrag. Deze houding schept vertrouwen en stabiliteit binnen de teams, aangezien de manager een bepaald level van betrouwbaarheid geeft.

12. **Gevoel voor humor ontwikkelen**. Laten we eerlijk zijn: de natuur is oneerlijk op dit gebied. Maar humor is belangrijk omdat het het team versterkt en spanningen helpt oplossen: gelukkig zijn de managers die het hebben! Maar pas op dat je jezelf niet te snel als humorloos afdoet: het is een manier van kijken, die vele vormen kan aannemen en zich kan ontwikkelen naarmate de persoonlijkheid zich ontwikkelt.

⊙ PROCESCOMMUNICATIE

Process Communication (of PCM), een in 1980 door de Amerikaanse psychiater Taibi Khaler (geboren in 1943) ontwikkeld communicatiemodel, heeft tot doel uitwisselingen tussen individuen te vergemakkelijken. Het is een indeling van persoonlijkheden in verschillende categorieën. Kennis van deze categorieën maakt het mogelijk de communicatie te vereenvoudigen en aan te passen aan elke persoonlijkheid. Voor het PCM, dat momenteel erg in de mode is, is welwillend management een van de vier managementstijlen, samen met autocratisch, laissez-faire en democratisch. welwillend management wordt gekenmerkt door het feit dat het zich meer bezighoudt met de persoon dan met de taak. Het versterkt de banden in een team, stimuleert interactie en samenwerkingsgeest.

WAT BETEKENT DIT?

Wat houdt welwillendheid in als gedragslijn voor managers? Laten we eerlijk zijn, deze houding is veeleisend voor jezelf, omdat ze inzicht vereist in het eigen functioneren en de relationele modus. Door een meer menselijke en betekenisvolle benadering leidt het tot congruentie.

Een meer menselijke benadering

Steeds meer managers beseffen dat een meer menselijke aanpak een beter resultaat oplevert. Het stelt hen namelijk in staat hun teams beter te mobiliseren en hun middelen te optimaliseren.

Het gaat erom eerst en vooral te zoeken naar wat de werknemer waardevol maakt in plaats van te wijzen op zijn of haar tekortkomingen; kortom, de manier waarop hij of zij tegen de dingen aankijkt te veranderen. Het is gemakkelijk te begrijpen dat werknemers beter werken in een context waarin zij zich gewaardeerd voelen.

 Het Pygmalion-effect

Door een positieve en vertrouwenwekkende blik van hun manager te ontvangen, vindt de werknemer in zichzelf de springplank naar vooruitgang en progressie. Kortom, als u uw medewerkers als uitmuntend beschouwt, zullen zij alle kans hebben dat ook te worden: dit noemen wij het Pygmalion-effect. Bekijk vooral *al* uw medewerkers welwillend, niet alleen die met wie u goed kunt opschieten.

De belangrijkste plaats van betekenis

Tegenwoordig is management gebaseerd op complexiteit: het is essentieel om af te stappen van mechanische instrumenten en lineaire causaliteiten om dagelijkse uitdagingen op te lossen. Weg is de focus op het probleem om oorzaken en dus schuldigen te vinden! Causaliteit heeft plaatsgemaakt voor complexiteit, waarbij verschillende parameters met elkaar verweven zijn en elkaar beïnvloeden, waardoor onzekerheid ontstaat. Managers worden voortdurend opgeroepen om deze angst om te zetten in vertrouwen: zij worden dragers van betekenis. Geconfronteerd met voortdurende verandering hebben teams een antwoord nodig op het "waarom". Geconfronteerd met tegenstrijdigheden en onzekerheden wenden zij zich natuurlijk tot de manager om samenhang te vinden.

Het doel is congruentie

Congruentie, of *"walk the talk"* zoals de Amerikanen zeggen, is een concept uit het neurolinguïstisch programmeren (NLP) en geïnspireerd op het werk van de Amerikaanse psycholoog Carl Rogers (1902-1987). Het is aanwezig wanneer er afstemming is tussen wie ik ben, wat ik denk, mijn waarden, wat ik voel, wat ik zeg en wat ik doe. Het is te herkennen aan de afstemming tussen verbale en non-verbale signalen. Uit deze afstemming ontstaat de authenticiteit en de staat van een persoon die "gecentreerd" wordt genoemd.

Er wordt gewerkt aan congruentie op het gebied van zelfvertrouwen met een echte innerlijke transformatie die een stralend gemak geeft. Volgens Carl Rogers is het de overeenkomst tussen het besef van iemands behoeften en verlangens en de uitdrukking die men daaraan geeft. Het creëert een gezonde gemoedstoestand, bevorderlijk voor zelfrealisatie, die de ander aanmoedigt zijn afweermechanismen te overwinnen om zijn eigen congruentie te herstellen.

 ## BEN JIJ CONGRUENT?

Om erachter te komen of je congruent bent, stel je jezelf gewoon de volgende vragen over de situatie die je ervaart:

- Is het iets voor mij om dit te zeggen of te doen?

- Voel ik me mentaal en fysiek goed als ik het zeg of doe?

Vergeet niet dit regelmatig te doen, en vertrouw op wat je voelt.

Uiteindelijk beoordelen de werknemers hun managers op de realiteit van hun gedrag en de overeenstemming daarvan met hun discours.

EEN GROEIENDE VORM VAN MANAGEMENT

Steeds meer bedrijven sluiten zich aan bij

Het tijdschrift *Psychologies* heeft op 13 november 2009 de "dag van de vriendelijkheid" in het leven geroepen en vervolgens een "oproep tot meer vriendelijkheid op het werk" gelanceerd. Momenteel hebben meer dan 300 bedrijven, groot en klein, dit voorbeeld gevolgd. Zij verbinden zich ertoe concrete acties te ontwikkelen volgens drie lijnen:

- om het werk van elke werknemer zin te geven;

- om de kwaliteit van het samenleven en de relaties te ontwikkelen ;

- het welzijn van personen te waarborgen.

We kunnen bijvoorbeeld vermelden:

- Google Europe, voor wie de houding van de manager en de op welzijn gerichte werksfeer centraal staan in de definitie van welwillendheid;

- het audit- en adviesbureau KPMG, dat een handvest heeft ingevoerd met zeven goede praktijken voor het evenwicht tussen werk en privéleven en tien gedragingen van managers die respectvolle relaties bevorderen;

- de Casino-groep, die welwillendheid tot de basis van zijn HRD-benadering heeft gemaakt, die managet zonder stress. Een stressspecialist traint managers op drie belangrijke punten: betekenis geven aan het werk, doelen stellen die passen bij de mogelijkheden van het individu, en erkenning ontwikkelen.

Kortom, MBC maakt energie en talent vrij. Het lijkt zowel een reactie op de huidige stress als een managementmethode die aan alle generaties is aangepast.

Een managementstijl aangepast aan intergenerationele teams

De MBC is het perfecte antwoord op de huidige hoofdpijn van managers, die klagen over de generatiekloof en de moeilijkheid om het groeiende aantal gemengde teams te verenigen.

Om te beginnen biedt het een oplossing voor de behoefte van generatie Y aan erkenning en aan goede relationele kwaliteit (vertrouwen, goede sfeer, authenticiteit, enz.). Het weerspiegelt ook hun zoektocht naar betekenis, of het nu hun behoefte is om de redenen voor beslissingen en aanwijzingen te begrijpen of hun behoefte aan zelfontplooiing op het werk. In tegenstelling tot generatie X, die hun bekwaamheid moesten bewijzen, wil generatie Y dat de manager hen vanaf het begin vertrouwt

- desnoods met een proefperiode. Zij zijn voortdurend op zoek naar informatie en daarom kan de rol van hun ouderen, personen uit generatie X, belangrijk zijn, vooral bij het doorgeven van de vakkennis (bijvoorbeeld door mentorschap). Door zijn of haar management te richten op zingeving, op erkenning en op meer ontspannen relaties - punten waar generatie X uiteraard ook niet tegen is - laat de manager elke generatie haar plaats vinden in de groep.

Generatie Z die pas in de arbeidswereld zijn aangekomen en die deze als een jungle zien, weten dat zij verschillende banen zullen doen en dat de meeste banen van de toekomst nog niet bestaan. Zo wordt het bedrijf voor hen een leeromgeving en de mix van generaties een echte kans om kennis te delen. De succesvolle welwillende manager heeft deze openheid en flexibiliteit. Hij is in staat deze verschillende paradigma's te beheren, omdat hij weet hoe hij het potentieel kan blootleggen en synergieën kan faciliteren.

👁 KLEIN PLUSPUNT

Een goede manier om nieuwe Y- of Z-werknemers meteen in de organisatie op te nemen, is hen te vragen om een vertrouwelijk "verrassingsrapport" in de eerste weken na hun aankomst. Dit moet betrekking hebben op de zes tot acht dingen die hen het meest hebben verrast, en op hun suggesties voor verbetering. Het is dan aan de manager om te kijken met welke suggesties hij of zij rekening kan houden.

De eerste opleidingen

- Het Instituut voor Bedrijfskunde (IAE) van de Université Jean Monnet Saint-Etienne biedt in het kader van de Master II-opleiding "Management van handel en distributie" een module aan over welwillend management gericht op stressbeheersing.

- Sinds 2013 wordt in het Universitair Ziekenhuiscentrum (CHU) in Rouen een opleiding in welwillend management aangeboden aan ziekenhuismanagers met twee kernwaarden, het recht om fouten te maken en te luisteren, en met aandacht voor het menselijke aspect in het hart van het management.

- De Grenoble École de management heeft in het kader van haar doctoraatsprogramma voor bedrijf en administratie (DBA) sinds 2012 caring management opgenomen in haar lijst van afstudeeronderwerpen.

Tegelijkertijd bieden veel advies-, opleidings- en coachingbureaus, zowel in Frankrijk, België als Zwitserland, nu opleidingen in welwillend beheer aan om aan de groeiende vraag van ondernemingen te voldoen.

CONCLUSIE

De tijd is gekomen voor "organisch" management in bedrijven: minder hiërarchie en rapportage voor meer operationele aspecten, met korte managementlijnen. De verschillende huidige benaderingen formuleren, elk op hun eigen manier, deze diversiteit van het beheer waarin de relatie centraal staat, omdat deze vooral door mensen voor hun medemensen wordt beoefend.

De specificiteit van CBM ligt in het feit dat het een echte relatie opwekt, die veeleisender is dan de ondoorzichtigheid van een organisatie of het zich terugtrekken achter zichzelf. De welwillende en congruente manager is direct, open, positief en durft zijn personeel wakker te schudden als dat nodig is. Hij heeft ook een pedagogische roeping door zijn team te helpen successen en mislukkingen te begrijpen. Hij bevrucht ook de talenten van zijn personeel in een dynamiek van vooruitgang. Hij is begaan met het welzijn van anderen en is wat de jongere generaties "betrouwbaar" noemen, d.w.z. bekwaam, zorgzaam, eerlijk en consequent.

Ja, nogmaals, dit is een veeleisende vorm van management voor de manager, die voortdurend aan zichzelf moet werken om karaktersterkte te verwerven. Want, laten we niet vergeten, het belangrijkste gereedschap van de manager is in de eerste plaats zijn eigen persoonlijkheid. Zoals bij elke kunst is regelmaat in de oefening noodzakelijk, zodat uiteindelijk de techniek vervaagt en plaats maakt voor de nauwkeurigheid van het gebaar.

Welwillend beheer heeft de specificiteit dat het nog steeds groeit. Deze fase van grote ontwikkeling laat nog ruimte voor avontuurlijke managers om hun territorium uit te breiden en zo hun gelijken in kaart te brengen. Door onbekende gebieden in zichzelf te verkennen, door licht te werpen op hun donkere gebieden, kunnen zij dan anderen beter begeleiden om zichzelf te overtreffen.

Tenslotte daagt, zoals de AOM aangeeft, welwillend management door zijn menselijkheid managementmethoden in de hele wereld uit, en de toevoeging van de dimensie van congruentie maakt het meer open voor de eisen van morgen. Want laten we niet vergeten dat de werkplek vooral een plaats van leven en een collectieve onderneming is.

TOP TIPS

- Doe vooral nooit alsof u geïnteresseerd bent in uw werknemers: ze zullen het onmiddellijk voelen. Vergeet niet dat 60-70% van onze communicatie non-verbaal is. Als u niet oprecht bent, zullen de toon van uw stem, uw houding en uw gezicht u verraden.

- Zeg niet dat je een zorgzame manager bent. Het gaat er niet om het te verkondigen, maar het volledig te belichamen, door congruent te zijn. Deze houding wordt geleidelijk verworven en gevormd en, eenmaal verworven, spreekt zij voor zich. Dit type manager kan zeer snel worden opgemerkt.

- Koester uw welzijn, want dat beïnvloedt uw werknemers. Zoek je eigen manier om jezelf op te laden en energie te geven: sport, mindfulness meditatie, persoonlijke ontwikkeling, zingen of acteren… en oefen regelmatig. Verwaarloos uw gezins- en sociaal leven niet; zij maken deel uit van uw evenwicht, en evenwicht is essentieel, want hoe u zich voelt, beïnvloedt hoe uw team zich voelt door resonantie.

👁 EEN KLEINE GEMAKKELIJKE TRUC

Een paar minuten voordat u uw kantoor verlaat, schrijft u een paar regels over uw prestaties van die dag. Geniet er even van en ga dan gewoon weg. Dit ritueel voorkomt dat je stress mee naar huis neemt.

- Ontwikkel je emotionele intelligentie door naar je eigen gevoelens te luisteren. Verwelkom elke emotie als een vriend, want zij draagt de boodschap in zich van een behoefte waarin wordt voorzien of waarin moet worden voorzien. Emoties zijn een interne GPS om ons te helpen reageren op veranderingen in onze omgeving. Er zijn over het algemeen zes primaire emoties (vreugde, verdriet, angst, verbazing, walging en woede) en volgens de Amerikaanse psycholoog Paul Ekman (geboren in 1934), een pionier in de studie van emoties en hun correlatie met gezichtsuitdrukkingen, zijn ze universeel. Het is nuttig voor een manager om te weten wat hen triggert en welke reacties zij kunnen veroorzaken. Oefen vaak om de reflex te verwerven. Eenmaal geïntegreerd zal het u in staat stellen de emotie van uw gesprekspartner te detecteren en zijn of haar gedrag te begrijpen. U kunt dan uw communicatie dienovereenkomstig aanpassen.

FAQ

HOE REAGEREN WIJ OP DEGENEN DIE DENKEN DAT HET BEOEFENEN VAN WELWILLENDHEID NAÏEF IS?

De welwillende manager is geen doetje, geen dromer of manipulator. Zij tonen dagelijks respect en menselijkheid om het hun werknemers gemakkelijker te maken en hun doelen te bereiken. Hij schrikt er niet voor terug dingen te zeggen, maar probeert ze goed te zeggen. Natuurlijk is het vaak gemakkelijker boos te worden, te proberen zijn wil op te leggen door middel van agressie of bedreiging, of weg te lopen voor zijn verantwoordelijkheden: daarom is het beoefenen van welwillendheid een zwaardere oefening voor de manager die deze weg kiest.

WAAROM KIEZEN VOOR DE CONGRUENTIEGERICHTE WELWILLENDE MANAGEMENTSTIJL?

Daar zijn verschillende redenen voor, die allemaal gericht zijn op welzijn en dus op een efficiëntere professionele aanwezigheid. Allereerst stelt deze managementmethode de manager in staat in overeenstemming te zijn met zijn waarden, wat essentieel is voor zijn psychologisch evenwicht. Ten tweede wordt er meer naar de werknemers geluisterd, wordt er beter met hen rekening gehouden en werken zij in een meer serene omgeving. Het resultaat is dat zij efficiënter, effectiever, minder ziek en minder stressgevoelig zijn.

WAT ZIJN DE DRIE BELANGRIJKSTE INDICATOREN VAN EEN ZORGZAME EN CONGRUENTE MANAGEMENTPRAKTIJK?

De welwillende en congruente manager is allereerst te herkennen aan zijn of haar persoonlijkheid, die ondersteund wordt door een goed niveau van zelfvertrouwen, waardoor vertrouwen in anderen mogelijk is. Dit fundament van vertrouwen zorgt er dan voor dat de bestuurshouding openstaat voor welwillendheid en congruentie. Tenslotte ligt de hoeksteen in de voorliefde van de manager voor zijn of haar werk, want dit plezier in het werk geeft zowel de manager als zijn of haar team energie.

WAT IS HET VERSCHIL MET ETHISCH MANAGEMENT, *LANGZAAM MANAGEMENT* OF MANAGER-COACH?

Ethisch management, in 2003 gemodelleerd door de Nederlandse professor Muel Kaptein, pleit voor authenticiteit, betrouwbaarheid, communicatieve vaardigheden en zorg voor het welzijn van werknemers.

Slow management werd in 2004 gemodelleerd door de Duitse Heike Bruch en de Indiase Sumantra Ghoshal. Oorspronkelijk ging het erom de hiërarchie te verminderen en de eisen van de vele actoren in het bedrijf te organiseren, in tegenstelling tot *snel management*. Vervolgens werd het uitgebreid tot de herwaardering van individuen en hun welzijn in het bedrijf.

De manager-coach integreert coachingsinstrumenten in zijn of haar managementpraktijk, zoals verschillende vormen van luisteren, herformulering, welwillendheid, vragen stellen en stilte.

Deze verschillende managementbenaderingen zijn in overeenstemming met hun kernactiviteit, namelijk het menselijke aspect en het welzijn van de werknemer. MBC gaat een stap verder door een positieve kijk op de werknemer toe te voegen, een zorg voor het algemeen belang en een samenhang die zich, via relationele intelligentie, opent naar collectieve intelligentie.

WELWILLENDHEID, EEN SLEUTEL TOT "GELUK" IN DE PROFESSIONELE WERELD?

Uit het laatste onderzoek voor het Great Place to Work Institute, gepubliceerd op 13 februari 2014, blijkt dat slechts 30% van de werknemers met plezier naar het werk gaat.

Volgens het Franse nationale instituut voor gezondheid en medisch onderzoek (INSERM) kost de constante toename van het lijden op het werk elk jaar tussen 2,6% en 3,8% van het BBP. Deze twee onderzoeken pleiten voor welwillendheid als bijdrage tot een beter welzijn op het werk, een stap in de richting van geluk op het werk.

HOE WORD JE EEN ZORGZAME EN CONGRUENTE MANAGER?

De zorgzame en congruente manager staat in het menselijk register. Om zo'n manager te worden, moet je dus elke relatie en interactie kunnen zien als een nieuwe leerervaring. Het gaat erom uw werknemers te helpen vooruitgang te boeken terwijl u zelf vooruitgang boekt. Zodra u uit het dominant/dominant dilemma bent, zult u in staat zijn feedback te vragen over uw management, naar de feedback te luisteren en deze te gebruiken om uw houding bij te stellen.

KLEIN PLUSPUNT

Zodra u zich ongemakkelijk voelt, na een uitwisseling met een collega of geconfronteerd met een situatie, stel uzelf dan de volgende vraag: welke houding zou voor mij eerlijker en voor de ander welwillender zijn geweest? Op deze manier, beetje bij beetje, zullen de reflexen aanslaan. Onthoud dat elk nieuw leerproces een nieuw neuraal pad creëert; herhaling consolideert het, totdat het een reflex wordt.

KUNNEN ALLE MANAGERS WELWILLEND WORDEN?

Hebben alle persoonlijkheden de neiging of het verlangen om zorgzame en congruente managers te zijn? Blijkbaar niet. In 's werelds meest gebruikte persoonlijkheidsclassificatie-instrument, de MBTI (Myers Briggs Type Indicator), wordt van de vier voorkeuren van elke persoonlijkheid er slechts één (Intuïtie-gevoel) als voorkeursfactor genoemd. Dit betekent dat deze persoonlijkheidscategorie een faciliteit heeft voor dit type management, aangezien zij een natuurlijke neiging heeft tot authenticiteit of empathie.

Dit betekent natuurlijk niet dat het voor andere persoonlijkheden een onmogelijke uitdaging is, maar wel dat zij meer moeite zullen moeten doen om hun welwillendheid te ontwikkelen.

WAT ZEGGEN DE LAATSTE BEVINDINGEN OVER DEZE MANAGEMENTSTIJL?

Het meest recente onderzoek over dit onderwerp richt zich vooral op de concepten resonantie en spiegelneuronen.

- De resonerende leider: in elke menselijke groep heeft de leider de grootste emotionele invloed. Wanneer de leider een positief emotioneel klimaat bevordert, laat hij of zij het beste in iedereen naar boven komen: dit is resonantie. Recent onderzoek naar de werking van de hersenen heeft het effect aangetoond van de stemming en het handelen van de manager op de mensen aan wie hij/zij leiding geeft.

- Spiegelneuronen: de hersenen reageren op handelingen van zichzelf, maar ook op die van de ander, wat bijvoorbeeld het verschijnsel 'emotionele besmetting' verklaart. Dankzij onze neuronen lichten, wanneer de ander een gebaar maakt, dezelfde gebieden op in mijn hersenen, alsof ik de handeling zelf uitvoer. De visie die we hebben op onze relatie met de ander en de wereld wordt door deze ontdekking radicaal veranderd: om de bedoelingen van de ander te begrijpen, hoeven we alleen maar te luisteren naar onze gevoelens, naar de emotie die de houding van de ander in ons opwekt, zoals neuromanagement aangeeft.

De manager die zorgzaam en congruent is, is zich bewust van het effect van zijn stemming of positie op zijn team. Hij weet dat hij positief moet zijn en ervoor moet zorgen dat zijn woorden, gebaren en daden consistent zijn, en hij is zich bewust van de kracht van de resonantie tussen zijn toestand en die van zijn werknemers. Hij is ook zeer attent op zijn emotionele toestand tijdens elke interactie, want elke verandering verraad hem via het spiegeleffect op de emotionele toestand van de persoon met wie hij praat.

HET IS AAN JOU!

DE JUISTE VRAGEN

Autoriteit vertegenwoordigen binnen een groep genereert symbolische macht. De manager kristalliseert namelijk de projecties van de mensen die hij/zij leidt: zij kennen hem/haar, vanwege zijn/haar status, bevoegdheden of bekwaamheden toe die hij/zij in werkelijkheid niet noodzakelijkerwijs heeft. Om niet toe te geven aan deze illusie en een welwillend beheer te voeren door congruent te zijn, stel jezelf enkele vragen. Antwoord eerlijk, dit zal u helpen uw houding als manager te verduidelijken.

- Waarom ben ik een manager? Wat is de betekenis van mijn professionele missie?

- Heb ik het gevoel dat ik erbij hoor?

- Heeft deze functie betrekking op mijn levensdoelen?

 **ATTENTIE**

Ongetrainde managers creëren vaak onbedoeld stress voor hun werknemers. Dit is het klassieke geval van *het middenkader* in onze bedrijven: geparachuteerd in functies waarvoor zij niet zijn opgeleid, dachten deze pas gepromoveerde managers dat zij de heilige graal hadden bereikt, en nu zitten zij tussen de wal en het schip. Ze doen dan wat ze kunnen, maar zitten vaak gevangen in de driehoek van Karpman (een analysefiguur van menselijke relaties) door heen en weer te blijven gaan tussen de rollen van slachtoffer, vervolger en redder, zonder erin te slagen hun collega's correct te begeleiden. Ja, het moet steeds weer gezegd worden, leidinggeven is een vak dat niet geïmproviseerd kan worden.

Evenzo moet elke manager duidelijk zijn over de begrippen macht, gezag, hiërarchie en legitimiteit, om geen marionet te zijn.

- Macht: macht over of met anderen?

- Gezag: wordt het gegeven door titel of wordt het verkregen door respect?

- Hiërarchie: voel ik me goed bij dit concept?

- Legitimiteit: wie geeft die?

OBSERVEER EN KEN JEZELF

Sommige managers beseffen niet welke negatieve gevolgen hun gedrag kan hebben voor hun werknemers. Ze hebben geen idee van het beeld dat ze kunnen uitzenden. Deze bewustwording is echter een essentiële stap voor elke verandering. Begin met je bewust te worden van je invloed, en leer dan het beste ervan te maken door voort te bouwen op je sterke punten.

Er zijn twee manieren om jezelf beter te leren kennen, om je bewust te worden van je sterke punten en verbeterpunten: één waarbij je wordt begeleid en één waarbij de reis alleen wordt afgelegd met behulp van hulpmiddelen of praktijken.

- Er zijn steunmethoden die gebaseerd zijn op woorden, andere op het lichaam, of een combinatie van beide.

- Voor het werk alleen is het een kwestie van het vinden van hulpmiddelen die bij je passen, zoals persoonlijkheidstests, meditatiepraktijken, vechtsporten, yoga of spiritualiteit; alle wegen zijn effectief. Het is aan jou om de juiste te vinden. Vergeet niet dat jezelf beter kennen je helpt om anderen beter te leren kennen.

CONSOLIDATIE VAN DE FUNDAMENTEN

Natuurlijk is het niet voldoende om een managementtheorie te "enten" om deze te laten blijven; het is noodzakelijk dat het gehele lichaam deze theorie aanvaardt. Het moet een manier van werken, van handelen worden, verankerd en bij voorkeur gedragen door de hele onderneming. Experimenteer en maak gebruik van wat voor u werkt. Bouw voort op je sterke punten om op andere gebieden te testen. Als communicatie uw kracht is, gebruik die dan als hefboom voor de rest: het zal u helpen minder bang te zijn om fouten te maken. Onthoud dat je vanaf nu vergevingsgezinder bent voor fouten, ook die van jezelf.

👁 Houd in gedachten

- Het aangaan van een veranderingsproces impliceert vooral het leren afleren!

- Management is een kunst, die dagelijks wordt gecultiveerd. Welwillendheid is een veeleisend gedrag, omdat men zich inspant voor de ander.

Let tenslotte op de mensen om je heen en je zult merken dat deze houding groeit. Deze managers drukken altijd een onuitwisbare stempel op hun teams, want ze inspireren overal waar ze komen.

OM VERDER TE GAAN

BIBLIOGRAFISCHE BRONNEN

BARABEL (Michel) en MEIR (Olivier), *Managéor*, Parijs, Dunod, 2006.

BOUVIÉ (Alain), *Management en cognitieve wetenschappen*, Vendôme, PUF, 2007.

BRUNEL (Valérie), *Les managers de l'âme*, Parijs, La découverte, 2014.

CHIBANE (Karima), *Le développement de l'intelligence émotionnelle des managers par le coaching*, proefschrift DESU – Master I "Pratiques du coaching", Paris 8, 2015.

CORNETTE DE SAINT CYR (Xavier), *Pratiquer la bienveillance*, Chêne-Bourg (Zwitserland), Jouvence, 2013.

DÉTRIÉ (Philippe), *Manager au XXIe siècle*, Parijs, Eyrolles, 2015.

ENNESSER (Jean-Louis), "Le Neuromanagement, application concrète des neurones miroirs", in *Les Echos*, mei 2014, geraadpleegd op 3 februari 2016.
http://www.lesechos.fr/idees-debats/cercle/cercle-97921-le-neuromanagement-application-concrete-des-neurones-miroirs-1007086.php

GIRARD (Anne), "Wat is welwillend management?", in *Seenago*, 2013, geraadpleegd op 24 januari 2016.
http://www.seenago.com/ (tabblad Nieuws/Publicaties)

GOLEMAN (Daniel), BOYATZIS (Richard) en MC KEE (Annie), *Emotionele intelligentie op het werk*, Parijs, Pearson, 2010.

HEINZ (Matthias), "Signaling cooperation", in *Social science research network*, november 2015, geraadpleegd op 24 januari 2016.

http://papers.ssrn.com/sol3/papers.cfm?abstract_id=2696911

KOTSOU (Ilios), *Emotionele intelligentie en management*, Louvain-la-Neuve (België), De Boeck, 2015.

LENHARDT (Vincent), *Les responsables porteurs de sens*, Neuilly-sur-Seine, Julhiet, 2012.

"Werknemers van grote Franse bedrijven en menselijk kapitaal", studie van Obéa voor de Trophée du capital humain, in *SlideShare*, juni 2014, geraadpleegd op 25 januari 2016.

http://fr.slideshare.net/MichaelPageFrance/1542-mp-frabrochurebookletweb-36340928

MANTIONE (Florian) "Le management bienveillant : sujet, verbe, compliment", in *Florian Mantione Institut*, geraadpleegd op 20 januari 2016.

http://www.florianmantione.com/actualites/editos/247-le-management-bienveillant-sujet-verbe-compliment

"Pour un management par la bienveillance", in *La Mutuelle bleue*, geraadpleegd op 25 januari 2016.

http://www.mutuellebleue.fr/actu-et-prevention/incollableu/pour-un-management-par-la-bienveillance

SCHUTZ (Will), *Het menselijk element*, Parijs, InterÉditions-Dunod, 2006.

SÉVE (Marie-Madeleine), "Sept clés pour manager avec bienveillance", in *L'Express l'Entreprise*, november 2011, geraadpleegd op 25 januari 2016.

http://lentreprise.lexpress.fr/rh-management/
sept-cles-pour-manager-avec-bienveillance_1518872.
html

Soudy (Eric), "Benevolent Management" in *Eric Soudy*, oktober 2011, geraadpleegd op 20 januari 2016.

https://sites.google.com/site/airhikzen/management-equitable/managementbienveillant

Steiler (Dominique), Sadowsky (John), Roche (Loïck), *Éloge du bien-être au travail*, Grenoble, Presses universitaires de Grenoble, 2010.

Tanquerel (Sabrina), "Oser le management bienveillant" in *Le Journal des grandes écoles et universités*, november 2014, geraadpleegd op 19 januari 2016.

http://journaldesgrandesecoles.com/oser-le-management-bienveillant%C2%A0/

Tournant (Juliette), *La stratégie de la bienveillance ou l'intelligence de la coopération*, Parijs, InterÉditions, 2014.

Trehorel (Laure), "Se former au 'management bienveillant'", in *Action Co*, oktober 2015, geraadpleegd op 24 januari 2016.

http://www.actionco.fr/Thematique/management-1020/
Breves/Developpement-formation-management-bienveillant-259903.htm#.VplqAvnhA4Y

Vittori (Jean-Marc), "Quand les entreprises embaucheront des cœurs", in *Les Echos*, januari 2015, geraadpleegd op 24 januari 2016.

http://www.lesechos.fr/idees-debats/editos-analyses/021620697193-quand-les-entreprises-embaucheront-des-coeurs-1192532.php

AANVULLENDE BRONNEN

BANDLER (Richard) en GRINDER (John), *De structuur van magie. Het oprichtingsboek van NLP*, Parijs, InterÉditions, 2015.

BOYATZIS (Richard E.) en MC KEE (Annie), *Resonant Leadership. Jezelf vernieuwen en je verbinden met anderen door mindfulness, hoop en mededogen*, Boston, Harvard Business School Press, 2005.

ODIER (Geneviève) en SEGRERA (Alberto S.), *Carl Rogers. Être vraiment soi-même. L'approche centrée sur la personne*, Parijs, Eyrolles, 2012.

PETITCOLLIN (Christel), *Savoir écouter, ça s'apprend!* Chêne-Bourg (Zwitserland), Jouvence Poche, 2012.

RAMACHANDRAN (Vilayanur), *Het brein maakt de geest*, Parijs, Dunod, 2011.

RIZZOLATTI (Giacomo) en SIGNIGAGLIA (Corrado), *Les neurones miroirs*, Parijs, Odile Jacob, 2011.

ROGERS (Carl) en PAGES (M.), *Le développement de la personne*, Parijs, InterÉditions, 2005.

We horen graag van u! Laat
een reactie achter op jouw online bibliotheek
en deel je favoriete boeken op social media!

IMPROVE YOUR GENERAL KNOWLEDGE

IN THE BLINK OF AN EYE!

www.50minutes.com

De uitgever garandeert de betrouwbaarheid van de gepubliceerde informatie, die echter niet onder zijn verantwoordelijkheid valt.

Master ISBN: 9782808604765
Papier ISBN: 9782808605977
Wettelijk depot: D/2023/12603/24

Digitaal ontwerp: Primento,
de digitale partner van uitgevers.